DEUXIÈME DIALOGUE

SUR LE

SYSTÈME SOCIAL

PAR

ROBERT OWEN.

Prix : 25 centimes.

PARIS

CAPELLE, LIBRAIRE-ÉDITEUR,

RUE DES GRÈS-SORBONNE, 10.

1848

DIALOGUE

ENTRE LES

MEMBRES DE LA COMMISSION EXÉCUTIVE

LES

Ambassadeurs d'Angleterre, de Russie, d'Autriche, de Prusse,
de Hollande, des États-Unis,

ET

ROBERT OWEN.

PARIS,

CHEZ CAPELLE, LIBRAIRE-ÉDITEUR,

Rue des Grès-Sorbonne, 10.

1848

DIALOGUE

ENTRE LES

MEMBRES DE LA COMMISSION EXÉCUTIVE,

LES

Ambassadeurs d'Angleterre, de Russie, d'Autriche, de Prusse, de Hollande, des États-Unis

ET

ROBERT OWEN.

ROBERT OWEN. Vous avez reçu de la nation française la plus haute mission que des citoyens puissent accomplir pour leur pays. Puis-je vous demander, dans l'intérêt des peuples, sur quels principes vous entendez agir, et quelles mesures vous méditez?

M. LAMARTINE. Nous désirons n'adopter que des principes vrais et ne prendre que des mesures en harmonie avec eux ; mais tant de systèmes différents sont en présence, que nous éprouvons de grandes difficultés à choisir entre eux. Pouvez-vous nous aider à démêler le vrai d'avec le faux?

ROBERT OWEN. Il y a un critérium à l'aide duquel ce qui est faux en théorie et en pratique peut être distingué avec certitude de ce qui est vrai sous les deux rapports. C'est par lui que j'ai découvert les erreurs sur lesquelles a été basée jusqu'à présent la société, et les vérités sur lesquelles elle doit être tout différemment reconstruite. Par lui, je sais combien ont été misérables les suites de ces erreurs, et combien pourraient être avantageuses les suites de ces vérités.

M. Lamartine. Je souhaite que vous puissiez vous faire assez comprendre de la France pour qu'elle agrée des principes et des mesures d'une application si utile. Mais, dites-moi, pourquoi appelez-vous votre système, le système de la raison? Est-ce que le système actuel n'est pas raisonnable?

Robert Owen. Il est déraisonnable à l'excès, en principe comme en pratique, dans ses racines comme dans ses ramifications.

Les cinq Directeurs. Ceci est un peu fort. Expliquez-nous comment vous êtes arrivé à cette conclusion.

Robert Owen. Par une patiente étude des bases de l'ordre social actuel, et des quatre divisions naturelles qui le composeront quand il deviendra raisonnable.

Tous. Quelles sont ces divisions?

Robert Owen. 1° La création de la richesse; 2° sa distribution; 3° la formation des caractères; 4° le gouvernement des localités et du tout.

M. Arago. Comment apprendrez-vous cela aux peuples?

Robert Owen. Chaque individu mâle ou femelle de quatorze ans aura été instruit, élevé et placé de telle façon dès sa naissance, qu'il comprendra parfaitement toute ma théorie et toute ma pratique, et qu'il prendra dès cet âge-là une part active et utile à mes trois premières divisions, en attendant qu'un peu plus d'expérience le rende également propre à la quatrième. Dans ce nouvel état social, dont nous n'avons pas encore d'exemple, les hommes et les femmes seront tellement manipulés dès leur naissance et même auparavant, que leur organisation d'enfant, au moment où ils verront le jour, sera infiniment supérieure à celle qu'ils reçoivent de leurs pères et mères , sous le régime insensé dont sont imbus ces derniers.

M. ARAGO. Avez-vous donc, monsieur, la prétention d'être assez expérimenté et assez habile pour introduire en France un nouvel et scientifique arrangement de société, supérieur à celui que nous possédons, soit pour la création et la distribution de la richesse, soit pour la formation du caractère, soit pour l'instruction et le gouvernement des hommes?

ROBERT OWEN. Oui, monsieur, j'en ai la prétention, et je vous engage à charger une commission d'examiner si mes principes ne peuvent pas très-facilement être appliqués à la constitution de votre République.

M. LEDRU-ROLLIN. La liberté ne sera-t-elle pas un peu restreinte par vos mesures?

ROBERT OWEN. Non, Monsieur; la liberté des individus et celle du gouvernement seront toutes deux , sans aucun danger, beaucoup plus grandes que maintenant.

M. GARNIER-PAGÈS: Ne limiterez-vous pas la création annuelle de la richesse, n'en détériorerez-vous pas la qualité? Le capital ne sera-t-il pas plus difficile à acquérir? Enfin, ne causerez-vous pas encore plus de pauvreté et de désordres qu'il n'y en a?

ROBERT OWEN. Non, Monsieur; la richesse annuelle croîtra beaucoup et sera plus justement et plus économiquement distribuée. Elle sera d'une meilleure qualité. Chacun en aura davantage. Le paupérisme sera d'abord arrêté, et par suite écarté pour toujours. La monnaie ou capital s'obtiendra aussi facilement que la richesse se créera, du moment que la puissance productive scientifique sera appliquée à augmenter la valeur des choses au lieu de la déprimer.

M. MARIE. Mais comment iront le commerce intérieur et le commerce extérieur?

Robert Owen. Infiniment mieux qu'aujourd'hui. Le commerce tel qu'il est limite singulièrement le montant des richesses qui seraient créées sous un régime raisonnable. Il détériore leurs qualités, et les distribue de la façon la plus injuste, la plus ruineuse, la plus extravagante. Il démoralise complétement le caractère de la classe commerçante et tient la société tout entière dans l'état moral le plus ignoble.

M. Marie. Comment parviendrez-vous à ôter au commerce ces défauts-là ?

Robert Owen. Par un meilleur arrangement social, où les qualités de la richesse ne seraient jamais négligées, où l'intermédiaire détaillant serait supprimé, où les neuf dixièmes du commerce de gros ne seraient plus nécessaires, en sorte que personne n'aurait plus besoin de s'instruire dans la science frauduleuse d'acheter à bon marché et de vendre cher. Le commerce du monde, tel qu'il se fait à présent, est destructif de toute franchise, de toute honnêteté, de toute charité, de toute affection, de tout amour. Il comble les uns d'une richesse qui les rend orgueilleux et d'un luxe inutile qui les ennuie, pendant qu'il tient la classe la plus utile, celle qui produit, dans l'ignorance, l'indigence et la bassesse. C'est un monstre d'iniquité qui gorge un petit nombre et fait mourir de faim des multitudes, en nourrissant aux dépens du public une horde de marchands imposteurs.

M. Arago. Mais comment parviendrez-vous à changer tout cela ?

Robert Owen. Il était plus coûteux, moins aisé et moins profitable de changer les anciennes routes en chemins de fer, qu'il ne l'est d'augmenter la production par de meilleurs arrangements dans l'agriculture et l'industrie, de mettre plus d'économie dans les échanges, de bien élever le peuple, de lui fournir d'honnêtes récréations, de placer tous ses membres sans exception dans des circonstances propres à le moraliser, et d'assurer ainsi un ordre social vertueux et heureux, non seulement à toute la France, mais, par son exemple, au monde entier.

M. Lamartine. La France possède-t-elle le capital nécessaire pour effectuer ce changement sans faire tort à personne, et sans faire passer toutes les classes par une confusion et une souffrance redoutables?

Robert Owen. La France a dès à présent plus de richesses et de matières premières qu'il n'en faut pour cela. Avec de la richesse et du bon sens, il n'est besoin de capital que pour les échanges du dehors.

Les cinq Directeurs. Monsieur, vous nous dites là d'étranges choses. Sur quels faits, sur quels principes appuyez-vous donc vos prédictions?

Robert Owen. Sur des faits et des principes qui ne changent jamais, qui se tiennent tous, qui sont ou des vérités évidentes, ou d'évidentes déductions de la vérité.

Les cinq Directeurs. Formulez-nous ces faits et ces principes le plus clairement et le plus simplement possible.

Robert Owen. Tous les hommes désirent le bonheur.

Le bonheur consiste dans la santé, la richesse, la science et la bonté.

La santé demande une certaine connaissance de la nature humaine et des moyens de prévenir les maladies depuis la naissance jusqu'à la mort.

La richesse demande que tous soient occupés à une production utile, et que la consommation ne soit pas à la fois injuste et ruineuse.

La science demande que chacun soit convenablement élevé au physique et au moral.

La bonté demande que tous soient placés dès leur naissance dans des circonstances favorables à son développement.

Eh bien, tous ces résultats peuvent être atteints par une application bien entendue de nos forces productives, et par une attention soutenue à placer convenablement chaque individu, d'après cette incontestable vérité : que nul ne fait lui-même ses qualités, ses opinions, son langage, ses intérêts ni ses sentiments. Ainsi seront remplacées la discorde et la haine par une bienveillance et une charité universelles.

LES CINQ DIRECTEURS. Comment ferez-vous parvenir tout cela à la connaissance de la nation?

ROBERT OWEN. Par une prière à l'Assemblée nationale d'examiner la question dans tous ses détails.

M. LAMARTINE. La nation française est trop impatiente pour examiner un sujet si vaste dans toutes ses différentes parties. Il faut des idées générales sur la société pour comprendre de tels principes et l'effet de leur application. Comment surmonterez-vous cette difficulté-là?

ROBERT OWEN. Comme j'en ai déjà surmonté beaucoup d'autres : par la patience et la persévérance que m'inspire une inépuisable pitié pour les vieilles routines que l'ancien système social a imposées à tous les hommes; par des exposés incessants des moyens de changer ce système en un meilleur sans déranger personne. Que la route du bonheur soit aperçue telle qu'elle est, c'est-à-dire ouverte, et tous s'empresseront de s'y lancer; car tous désirent le bonheur.

LES CINQ DIRECTEURS. Nous trouvons raisonnable et juste que la question soit mûrement et profondément étudiée.

ROBERT OWEN. La classe productive, qui est de beaucoup la plus utile et la plus estimable, puisqu'elle contribue le plus au bien-être de toutes les classes, est maintenant, par suite du mauvais emploi qu'on a fait des pouvoirs de production nouveaux, dans un état d'oppression qui dépasse la force humaine. Cette oppression n'est utile à personne ; loin de là, elle est funeste à tous, dans tous les pays du monde.

LES CINQ DIRECTEURS. Nous voulons décidément que la chose soit examinée. Avez-vous quelques documents utiles que vous puissiez placer sous nos yeux?

ROBERT OWEN. Oui, j'ai publié quelques ouvrages sur ces matières.

M. LAMARTINE. Vos ouvrages expliquent-ils complétement la théorie de la pratique de votre système?

ROBERT OWEN. Oui. Ils contiennent une explication aussi complète que peut la donner la parole. Avec des partitions, on peut connaître la théorie de la musique ; en voyant un instrumentiste habile jouer du violon ou du piano, on peut comprendre comment il produit des sons harmonieux ; mais sans étude et sans pratique, on ne devient pas soi-même instrumentiste. La nature humaine est un bel instrument, capable de produire une permanente et universelle harmonie, quand il sera bien étudié, bien accordé et bien joué ; mais la manière dont cet instrument peut produire cette harmonie dans tout l'univers n'a jamais été comprise, et les hommes ne sachant point en tirer parti, il n'en est résulté que discorde et dissonances désagréables.

M. LAMARTINE. J'ai quelques idées vagues sur ce sujet, mais je n'ai pas compris complétement le mécanisme dont vous parlez, et surtout la façon de tenir toutes ces natures ou tous ces instruments d'accord, afin que le concert soit toujours harmonieux.

ROBERT OWEN. Les ouvrages que j'ai publiés apprennent à vaincre cette difficulté.

M. ARAGO. Quoi ! de même qu'on accorde comme on veut des instruments, on peut donner aux hommes, par l'éduca-

tion et les circonstances extérieures , tel caractère qu'on
veut ?

Robert Owen. Oui ! Je le répète , nous sommes de cu-
rieux instruments de chimie et de mécanique, doués de très-
hautes facultés , mais qui avons toujours été jusqu'ici mal
compris, mal joués et mal appliqués. De là toutes les querelles,
toutes les violences, toutes les guerres qui agitent le monde.
Dès que l'homme se connaîtra lui-même, lui et ses merveil-
leuses facultés , tous ces maux cesseront. Il se trouvera en
harmonie avec lui-même , avec tous ses pareils et avec la
nature entière.

*(Entrent les ambassadeurs d'Angleterre, de Russie, d'Au-
triche, de Prusse, de Hollande et des États-Unis.)*

L'Ambassadeur de Russie. Messieurs les directeurs de la
République française , nous venons rechercher les causes de
l'agitation extraordinaire que votre nation cause à l'Europe
et à tout le monde civilisé Dites-nous d'où peut venir ce
besoin universel de changement.

M. Lamartine, *au nom des cinq directeurs.* De la dégradation et de la misère des classes qui produisent la richesse,
de l'état artificiel et misérable de toutes les classes sans exception. Le système qui a jusqu'à présent régi le monde est
évidemment usé et ne peut plus désormais se soutenir, quels
que soient les pouvoirs que les gouvernements cherchent à
organiser.

L'Ambassadeur de Russie. Avec notre immense armée,
avec notre marine , avec l'assistance de l'Église , nous ne
pourrions plus venir à bout d'une multitude ignorante et dé-
sarmée ! Comment voulez-vous qu'elle résiste à un tel ensemble de forces et de moyens de persuasion?

M. Lamartine. Louis-Philippe pensait comme vous, et en trois jours son armée et sa marine se sont jointes à son peuple contre lui. Où en est maintenant sa puissance?

L'Ambassadeur de Russie. C'est vrai ; mais il avait mal pris ses mesures, et il a été surpris. Nous sommes mieux préparés et saurons éviter ses fautes. Voyez tout ce que le gouvernement anglais a fait avec une armée comparativement petite !

Lamartine. Si les choses se sont passées à Londres autrement qu'à Paris, cela s'explique par le caractère des deux peuples. Quand les Anglais souhaitent un changement, ils cherchent à l'effectuer sans emploi de la force physique et sans désordre : vous les verrez toujours se réunir cordialement pour atteindre un but vraiment national ; ils y arrivent sans répandre de sang. Dans ce moment, c'est de la loi qu'ils veulent obtenir ce que les Français ont été obligés d'obtenir de force. La Grande-Bretagne subit depuis quelque temps une transformation graduée, et la classe moyenne qui y a droit de contrôle sur le pouvoir, regarde les voies légales comme les meilleures et les plus sûres à suivre pour arriver à un changement complet.

L'Ambassadeur d'Autriche. Mais pourquoi tous les peuples désireraient-ils ce changement? N'avons-nous pas bien gouverné chacun le nôtre?

M. Lamartine. Il paraît que non, à cette soif de nouveauté que manifestent à la fois tant de pays différents.

L'Ambassadeur d'Angleterre. Il y a quelque chose de bien étrange dans ce qui arrive, même en Angleterre, où l'on jouit d'une si grande liberté de parler, d'écrire et d'agir. Nous faisons tout ce que nous pouvons pour qu'on soit content, et il règne un grand mécontentement, et les classes industrieuses, particulièrement, réclament à grands cris une réforme. Nous avons une excellente souveraine ; elle a été soigneusement élevée dans les principes les plus libéraux ; elle désire ardemment le bien-être de toutes les classes ; et il y a une telle distance entre les opinions de ces différentes classes, qu'il est impossible de deviner comment cela finira... Mais je vois près de vous M. Robert Owen, un de mes compatriotes, qui a voué sa vie à l'étude de ces questions, et qui joint à une grande pratique des affaires, une longue expérience des hommes de tous les pays. Peut-être il nous aidera à découvrir les causes de l'état présent de l'Europe , et à trouver un remède aux maux qui affligent toutes ses contrées.

L'Ambassadeur d'Autriche. N'êtes-vous pas venu, monsieur Owen , à Vienne, il y a environ dix ans , pour causer avec le prince Metternich de l'état de l'Europe à cette époque?

Robert Owen. Oui, Monsieur ; je suppliai alors cet habile et sage homme d'État de lire, sur la question des vieux principes, deux mémoires présentés pour moi au congrès d'Aix-la-Chapelle , en 1818, par lord Castlereagh et par le duc de Wellington ; mémoires dans lesquels j'établissais, avec tout le détail désirable, qu'il y avait deux principes en action dans le monde civilisé ; que ces principes rendraient bientôt inévitable un changement total dans l'ordre social, et qu'il y aurait sagesse à prendre d'avance des mesures pour le moment où ce changement arriverait.

L'Ambassadeur d'Autriche. Avant d'aller plus loin, expliquez-nous quels sont ces deux principes.

Robert Owen. 1º Le progrès extraordinairement rapide qui a eu lieu , grâce à la découverte de nouveaux procédés mécaniques et chimiques , dans la création de la richesse , progrès dont la direction donnée à ces nouvelles forces a fait un fléau pour le travail manuel , écrasé par la diminution des prix; 2° les lumières qui se sont répandues dans les classes laborieuses, et qui leur ont fait apercevoir et cruellement sentir l'injuste et abjecte situation à laquelle cette nouvelle rivalité allait les réduire, si les gouvernements n'adoptaient pas une marche entièrement contraire à celles jusqu'à présent suivies.

L'Ambassadeur d'Autriche. Le prince Metternich prit-il connaissance de ces mémoires?

Robert Owen. Il dit à son secrétaire particulier : « Il » me faut ces documents, apportez-les-moi. » En quelques minutes il les eut; et je fus invité à lui développer mes raisons de croire que le moment approchait où les gouvernements seraient amenés par ces deux principes de désordre, soit à arrêter le progrès de la production scientifique et sa lutte avec le travail manuel, soit à faire émigrer plus de la moitié de leurs populations, soit à trouver moyen d'empêcher, en les employant utilement, des millions d'hommes de manquer des premières nécessités de la vie. J'ajoutai, qu'arrêter le progrès des forces mécaniques serait à la fois barbare et impraticable ; qu'exporter de telles quantités d'hommes ou bien les laisser mourir de besoin avec d'amples moyens de leur faire gagner de quoi vivre était encore plus impraticable et plus barbare, et que l'emploi à leur donner n'était pas possible à trouver dans l'état actuel.

L'Ambassadeur d'Autriche. Que dit le prince à cet exposé?

Robert Owen. Que j'avais raison. Dans un nouveau mémoire que je lui présentai, j'établis en outre qu'à elles seules les armées entretenues dans toute l'Europe consommaient et empêchaient de créer assez de richesse pour rassasier l'Europe entière, et procurer à sa population une permanente félicité. Le prince m'approuva encore. Dans ce mémoire j'ex-

pliquais comment les erreurs de système de tous les gouvernements en faisaient de toute nécessité des gouvernements
de force et de ruse. Le prince l'admit, mais ajouta : « Nous
ne mettons à gouverner que juste ce qu'il faut de force et de
ruse pour contenir les turbulents, et c'est pour le bien de
tous que cet ordre doit être maintenu. »

L'Ambassadeur de Prusse. Avez-vous été pour quelque
chose dans l'établissement de l'éducation nationale de
Prusse ?

Robert Owen. Par l'intermédiaire du baron de Jacobi,
alors ambassadeur de Prusse en Angleterre, j'entrai en com-
munication avec le roi de Prusse, à propos d'un système
d'éducation nationale à adopter, et je lui en recommandai
un, en même temps que quelques principes généraux de gouvernement; je lui envoyai des essais sur ces deux sujets, et il
en fut tellement satisfait, qu'il m'écrivit de sa propre main
une lettre qu'il m'a fait remettre par le baron. Il m'y disait
goûter si fort mes vues, qu'il avait donné à son ministre de
l'intérieur l'ordre d'adopter, autant que la localité le permet-
trait, les principes recommandés dans ma publication; et
l'année suivante, en effet, un système d'éducation nationale
fut réalisé dans tout son royaume.

L'Ambassadeur de Hollande. Et les colonies de pauvres
en Hollande, n'y avez-vous pas été pour quelque chose ?

Robert Owen. Fortement engagé à cette époque dans le
nouveau système producteur de la Grande-Bretagne, et journellement frappé des maux qu'il répandait sur la population,
je m'occupais de présenter au parlement les mesures à adopter pour procurer quelque soulagement aux victimes et pour
diminuer et détruire le paupérisme qui s'emparait rapide-
ment de toute la Grande-Bretagne. Les plans que je présentais
en auraient affectivement affranchi toute la classe laborieuse,

vivant du travail de ses mains. Mais tout cela était alors trop avancé pour les idées aristocratiques qui prévalaient dans le parlement et dans le gouvernement britannique. Et pourtant, si les mesures simples et pratiques que je recommandais avaient été adoptées, la Grande-Bretagne aurait épargné dans l'entretien de ses pauvres et de leur moralité beaucoup plus de deux cents millions sterlings, et l'Irlande serait maintenant une heureuse et industrieuse contrée. M. Falk, alors ambassadeur de Hollande à Londres, voyant la supériorité de mon plan sur tous les autres, s'adressa à moi pour connaître les moyens de le mettre à exécution. Je le lui donnai ; il le communiqua, le recommanda à son gouvernement qui l'adopta avec chaleur. Tant que les colonies ont été conduites d'après mes principes, elles ont réussi au delà de toute espérance. Si elles avaient toujours continué du même pas, elles auraient maintenant mis un terme au paupérisme et à la misère de la Zélande et de toutes les autres provinces.

L'Ambassadeur d'Angleterre. Vous émettez là, monsieur Owen, une sérieuse accusation contre l'aristocratie de notre pays : vous m'en devez une explication. Je suis sûr que vous ne voudriez pas établir publiquement comme une vérité ce que vous prenez pour elle. Prenez garde à ce que vous dites, car vous êtes tout près de mettre sur le compte de l'aristocratie anglaise toutes les morts que le dénûment cause en Irlande.

Robert Owen. Je dis ce que je sais ; les erreurs de l'aristocratie de naissance et d'argent sont la cause réelle du paupérisme, de ses crimes et de ses souffrances dans la Grande-Bretagne et en Irlande depuis 1817 ; mais, dans ma manière de voir, tout grand qu'est devenu le mal, par suite de la négligence du gouvernement et du parlement pour les classes laborieuses, je ne puis pas blâmer l'aristocratie. Elle est la créature des circonstances dans lesquelles elle est placée, tout comme le peuple l'est des siennes ; et parmi ceux qui parlent maintenant de la punir sévèrement de sa négligence et de son ignorance, il n'y en a pas un qui ne voulût, s'il le pouvait, devenir un de ces aristocrates, avec sa puissance et sa fortune.

L'Ambassadeur d'Angleterre. Comment avez-vous fait pour faire parvenir vos idées au gouvernement ?

Robert Owen. Par des mémoires, des pétitions, des réunions publiques et par un rapport spécial à un comité nommé dans une grande assemblée qui eut lieu à Londres lors de l'affreuse détresse de 1816 et 1817.

L'Ambassadeur d'Angleterre. Que fit-on de ce rapport ?

Robert Owen. On le publia dans tous les journaux de Londres.

L'Ambassadeur d'Angleterre. Avez-vous des exemplaires de ces deux documents ?

Robert Owen. Oui, tels qu'ils parurent dans le *Times* et dans d'autres journaux de Londres pendant la session du parlement de 1817.

L'Ambassadeur d'Angleterre. Quel usage comptez-vous en faire ?

Robert Owen. Les publier de nouveau, les présenter à l'Assemblée nationale de France et au comité nommé par elle pour s'enquérir de la condition des classes laborieuses ; car ils sont aussi applicables maintenant à la France qu'ils l'étaient à cette époque à la Grande-Bretagne et à l'Irlande. Il faut espérer que, dans cette nouvelle république fondée sur la liberté, l'égalité et la fraternité, je ne rencontrerai pas, contre l'amélioration de l'état des pauvres et contre la destruction des causes de leurs souffrances, les préjugés que je rencontrai alors, tant dans le parlement que dans le gouvernement anglais, ce gouvernement à qui les connaissances pratiques basées sur la vérité manquent, je le déclare, complétement.

L'Ambassadeur d'Angleterre. Comment pouvez-vous en venir à des déclarations si sévères sur un gouvernement que tout le monde s'accorde à regarder comme le plus puissant et le plus avancé de la terre, comme celui sur lequel toutes les autres nations doivent avoir les yeux?

Robert Owen. Monsieur l'ambassadeur, l'intérêt du monde exige maintenant que la vérité, sans déguisement ni complaisance pour personne, soit connue ; que les nations, avec ou sans constitution, ne soient pas trompées plus longtemps par la presse anglaise sur la situation réelle de l'empire britannique. Elles ne le seront plus ; car la population de la terre entière souffre trop de cette déception, et je proclame partout qu'en proportion du nombre, il y a en ce moment plus de pauvreté, de dégradation, de souffrance, d'exactions et d'oppression du pauvre par le riche dans la Grande-Bretagne et l'Irlande, qu'en aucune autre partie du monde soidisant chrétien et civilisé ; en sorte qu'au lieu d'être le modèle à imiter, la Grande Bretagne, j'ai regret à le dire, est le phare à éviter.

L'Ambassadeur d'Angleterre. Et comment le gouvernement et le parlement n'ont-ils pas fait tout ce qu'ils pouvaient pour l'Irlande? Comment n'ont-ils pas porté l'intérêt le plus vif à ces millions de pauvres qui mouraient de faim ?

Robert Owen. Ils ont répandu l'or en pure perte. Ils n'ont été que des prodigues insensés vis-à-vis de cette population misérablement gouvernée.

L'Ambassadeur d'Angleterre. Qu'auraient-ils dû faire ?

Robert Owen. Appliquer à d'utiles emplois pendant quelques années de suite la moitié de ce qu'ils ont gaspillé sans discernement ; bien élever et convenablement placer ceux qui étaient sans emplois, sans éducation et sans situation convenable. Si cela avait été fait, l'Irlande serait maintenant la plus fertile, la plus florissante et la mieux conduite de toutes les parties de l'empire britannique ; car elle a plus d'avantages naturels qu'aucune autre.

L'Ambassadeur d'Angleterre. Pourrions-nous encore aujourd'hui faire tout cela ?

Robert Owen. Il le faut. C'est le seul système qui puisse faire du peuple irlandais un peuple agissant et pensant raisonnablement.

L'Ambassadeur d'Angleterre Que pensez-vous des partis de la vieille et de la jeune Irlande ?

Robert Owen. Qu'ils n'ont encore donné ni l'un ni l'autre aucune preuve d'intelligence des moyens pratiques de remédier aux maux de leur pays.

L'Ambassadeur d'Angleterre. Quel remède imaginez-vous pour des maux si invétérés ?

Robert Owen. Le remède que le gouvernement doit appliquer est de diviser l'Irlande en communautés, organisées de telle sorte que leurs membres produisent beaucoup et distribuent la richesse le mieux possible ; qu'ils reçoivent une bonne éducation, s'entretiennent et se gouvernent eux-mêmes dans chaque localité, contribuent au gouvernement général d'une large part de leur excédant, et se rendent ainsi de bons et précieux membres de la grande association.

L'Ambassadeur d'Angleterre. Mais qui peut décréter et exécuter de telles mesures pour eux ? Vous dites que le gouvernement devrait agir ; dites comment.

Robert Owen. C'est le devoir et la seule affaire des gouvernements de décréter et d'exécuter de telles combinaisons, ou, en d'autres termes, de créer les circonstances naturelles et efficaces pour bien et utilement employer, instruire et placer tout le monde ; c'est la seule utilité véritable des gouvernements, et celui tant vanté de la Grande-Rretagne n'a jamais, jusqu'à ce jour, avec son énorme puissance et ses énormes moyens, tenté d'accomplir cette sainte mission. Ce n'est que tout récemment qu'il a commencé d'y songer.

L'AMBASSADEUR D'ANGLETERRE. D'autres gouvernements se sont mieux conduits à votre avis?

ROBERT OWEN. Oui ; la Prusse a établi un système d'éducation qui, s'il est erroné dans ses principes, est du moins national. La Hollande a trouvé le moyen de prévenir le paupérisme par un travail productif.

L'AMBASSADEUR D'ANGLETERRE. Mais la création de ces communautés et leur administration ne seraient-elles pas difficiles et bien chères?

ROBERT OWEN. Elles seraient d'une exécution beaucoup plus simple et plus aisée, beaucoup moins dispendieuses et plus productives, beaucoup moins difficiles à administrer et plus avantageuses pour toutes les classes du pays qu'aucune des mesures jusqu'à présent employées sur ces sujets. Les gouvernements et les peuples sont partout dans la même confusion de pratiques et de théories. Tel est l'état de la France, et les journaux anglais, dans leurs tirades sur les affaires de ce pays-là, tendent encore à compliquer la confusion d'idées qui règne entre les différents partis. Ils prétendent apprendre à la France comment elle doit se gouverner, et ils sont complétement ignorants du système de gouvernement que leur propre pays devrait suivre. Si l'Assemblée nationale de France, où la nation elle-même, se laisse influencer par ces écrivains, elle sera lancée dans de plus grandes erreurs encore. Ce sont des aveugles qui en veulent conduire d'autres, et qui mettraient bientôt la France dans le même état que l'Irlande. Or, il est impossible d'imaginer un pays mieux doué et pourtant plus misérable que l'Irlande ; et cela est entièrement dû à l'ignorance de la presse, par laquelle se laisse diriger le gouvernement britannique. Que l'Irlande soit placée dans la condition où elle doit pouvoir facilement être, alors la presse et le gouvernement anglais pourront se proposer pour professeurs aux autres peuples et aux autres gouvernements.

Je porte un profond intérêt au bien-être et à la prospérité de ma nation, parce que je sais que ses immenses possessions renferment énormément de talents cachés et de bons sentiments, qui n'ont besoin que d'être mis en évidence pour rendre d'incalculables services au genre humain. Mais à présent, avec son pouvoir et ses moyens illimités de gouvernement, elle est, je le répète, la nation la plus mal gouvernée d'Europe. La preuve en est dans la pauvreté, la souffrance, la dégradation et l'extinction, plus intenses maintenant dans les deux îles de la Grande-Bretagne et de l'Irlande que dans aucun pays, en y comprenant les despotiques.

L'Ambassadeur d'Angleterre. Vous êtes bien sévère pour votre pays. Qui blâmez-vous de toutes ces fautes, de toutes ces misères ?

Robert Owen. Personne, je vous le répète. Le gouvernement et les écrivains de la presse quotidienne sont les créatures des circonstances dans lesquelles ils ont été placés par un faux et maudit système. C'est ce système qui force les gouvernements de corrompre leurs peuples pour les tenir dans l'ignorance et la misère, sans lesquelles ils ne pourraient pas les conduire par la force et par la ruse. Louis-Philippe a découvert cela trop tard, et les autres gouvernements européens commencent à s'apercevoir qu'il y a dans notre ordre social quelque chose de fondamentalement erroné. Je leur dis qu'ils ne peuvent plus persister dans leur vieux système de ruse et de force, et sacrifier le bien-être et la tranquillité de l'Europe et du monde entier à quelques familles, qui traitent de fiction le droit au sol et à la propriété. Mais ils n'en persistent pas moins, à leur grand dommage et à celui de tous les autres.

Tous les Ambassadeurs. Que feriez-vous à leur place?

Robert Owen. J'adopterais immédiatement le seul système de société qui soit conforme à la raison, qui puisse rendre les hommes bons, sages et heureux; faire embellir par eux cette terre; introduire parmi eux la charité, la paix, l'amour, et les réunir tous par un même langage comme par un même intérêt.

Tous les Ambassadeurs. Rêvez-vous? c'est impossible.

Robert Owen. Erreur. Vous n'avez aucune notion précise des possibilités ni des impossibilités. Il n'y a pas longtemps que vous croyiez parfaitement impossible de vous communiquer en une seconde de temps vos pensées, à une distance de cinquante milles, et maintenant vous savez qu'on le pourrait d'un bout du monde à l'autre, en moins de temps.

Tous les Ambassadeurs. C'est vrai. Nous penserons à tout cela et nous aurons de nouvelles conversations ensemble. Nous trouvons que vous ne craignez pas de dire franchement leur fait à tous les partis.

Robert Owen. Lorsque nous nous réunirons de nouveau, je vous dirai encore beaucoup d'inappréciables vérités. Car j'ai naturellement, à mon âge et avec mes idées, le plus vif désir de voir tous les habitants de la terre jouir de la prospérité, dont la voie leur est maintenant ouverte. Vous avez, vous et les peuples, beaucoup à apprendre avant de pouvoir pleinement comprendre et les principes et leur application.

L'Ambassadeur des États-Unis. Vous ne prétendez pas dire que la république des États-Unis, cette jeune géante des nations, ait aussi à apprendre beaucoup ?

Robert Owen. Vraiment si. Elle est encore fort loin de la bonne voie. Elle a d'immenses moyens de faire le bien. Son empire, tout jeune qu'il est, est magnifique ; mais son peuple ne sait pas utiliser ses ressources.

L'Ambassadeur des États-Unis. Ne craignez-vous pas de dire à nos jeunes et fiers républicains ces choses que vous appelez des vérités ?

Robert Owen. Pas le moins du monde. La vérité seule peut maintenant sauver l'univers d'un interminable désordre, et je ne crains jamais de dire la vérité aux partis. Sans cette franchise il n'y a pas moyen de surmonter les difficultés et de faire le bien.

Tous les Ambassadeurs. Très-bien ! Le but que vous vous proposez est si beau et si inexclusif, que nous souhaitons vivement votre succès. Revoyons-nous vite, et avant de nous séparer, dites-nous sur quelles données vous basez des aperçus si extraordinaires.

Robert Owen. Sur les progrès que feront encore les nouveaux moyens scientifiques d'augmenter la richesse du monde, lorsqu'une direction habile de ces moyens sera comprise et convenablement appliquée.

Il paraît, d'après les documents les plus authentiques sur ce qui se passait il y a cent ans, qu'alors la population de la Grande-Bretagne et de l'Irlande réunie allait à 15 millions d'habitants, et que les économistes du temps portaient le nombre des producteurs de richesse au cinquième de celui de cette population, c'est-à-dire à 3 millions pour les deux îles.

Mais ces 3 millions d'hommes n'avaient pour s'aider que de vieilles et simples machines : charrues grossières, bêches et fourches pour l'agriculture; fuseaux simples, navettes, métiers de tissage à la main, pour l'industrie; enfin, vieilles et brutes machines pour la forge et pour les différents métaux, de même pour les bois et toutes les autres matières premières. La quantité de produits créés à cette époque, par tous ces outils et machines économisant le travail, a été trouvée dans les meilleurs auteurs du temps ne pas excéder 12 millions d'hommes. Ce chiffre, ajouté aux 3 millions de travailleurs, à la main fait en tout 15 millions. C'était donc comme si toute la population avait travaillé à créer de la richesse. Le rapport entre la production et la population était de 1 à 1.

Ce progrès était alors considéré comme très grand en civilisation. Il suffisait pour maintenir toute la population, y compris les travailleurs, dans une situation assez confortable. Il n'y avait presque point de paupérisme. La taxe des pauvres était très-peu de chose, comparaison faite avec celle que nous payons maintenant, et pourtant elle était plus que suffisante pour l'accroissement annuel de la population.

Mais les cent dernières années ont produit, à elles seules, plus d'événements importants que l'histoire de la race humaine n'en avait produit en deux mille. Les inventions de Watt et d'Arkwright furent le commencement du règne des forces productives, chimiques et mécaniques. Alors fut reconnue l'utilité pratique de ces deux sciences, et de ce progrès dans les moyens de produire la richesse, à la découverte du télégraphe électrique qui transmet la pensée humaine à 200 milles en une seconde, et la peut faire tourner plusieurs fois autour du monde en une minute, il y a un pas si immense, il excède tellement l'imagination la plus vaste et doit faire avant peu de la race humaine de tels géants physiques et mentaux, des êtres si supérieurs à notre génération ignorante et pleine d'erreurs, qu'à peine pouvons-nous nous les figurer par la méditation la plus profonde et la plus tendue.

Dans ces cent ans, ces nouveaux pouvoirs, producteurs de richesse et de bien-être, se sont élevés de la force de 12 millions d'hommes à celle de plus de 900 millions, et ils continuent de se développer journellement. Pendant le même espace de temps, la population du royaume n'a pas tout à fait doublé; elle est de près de 29 millions d'âmes; mettons 30 millions, et supposons, en tenant compte des femmes et des enfants employés auprès des machines, que 9 millions au lieu de 3 travaillent aujourd'hui journellement. La production est à la population comme 909 : 30, ou comme 30 1/3 : 1.

Si donc une bonne direction eût été donnée à cette force immense de production, la population de la Grande-Bretagne et de l'Irlande serait aujourd'hui capable de produire 30 fois 1/3 autant de richesses qu'elle en produisait il y a cent ans.

Et ce n'est pas tout : puisque pour arriver à 909 on est parti de 15, et que maintenant la progression géométrique partirait de 909, il est impossible d'imaginer aucune borne aux moyens que nous avons de rassasier l'univers.

IMPRIMERIE DE NAPOLÉON CHAIX ET Cⁱᵉ, RUE BERGÈRE, 8.

PRINCIPAUX OUVRAGES DE ROBERT OWEN.

Le Livre du nouveau Monde moral, contenant le système social rationnel, basé sur les lois de la nature humaine, par Robert Owen; abrégé et traduit par T. W. Thornton. In-32. 1847. Chez Paulin, rue Richelieu, 60. Prix.................................... 75 c.

Sous presse :

26 Lectures explanatoires du système social, par Robert Owen. Traduit en français. Chez Capelle, rue des Grès-Sorbonne, 10.

Le 3e Dialogue paraîtra incessamment.

AUTRES OUVRAGES DE ROBERT OWEN.

New Views of Society. — Nouvelles vues sur la Société, ou Essais sur la formation du caractère humain. 1812............ 1 fr. 25 c.

Address to the Sovereigns. — Adresse aux Souverains à Aix-la Chapelle et aux gouvernements européens. Traduit par M. le comte de Lasteyrie. Paris, 1819.

The Book. — Le Livre du nouveau Monde moral. 1836-44. 12 fr.

Twelve Lectures. — Douze Lectures sur un nouvel état social. 1830.. 4 fr.

Public Discussion. — Discussion publique entre R. Owen et M. Roebuck, à Manchester. 1837................... 2 fr. 50 c.

Public Discussion. — Discussion entre R. Owen et J. Brindley, à Bristol, en présence de plus de 5,000 personnes. 1841.... 2 fr.

Development. — Développement des principes et plans pour établir des Colonies à l'intérieur. 1841. 2e édition in-8°.......... 5 fr.

Manifesto. — Manifeste de R. Owen, avec ses adresses aux gouvernements et souverains. 8e édition..................... 1 fr. 50 c.

Lectures on Rational System. — Sur le Système rationnel de R. Owen, pour répondre aux faussetés de l'Evêque d'Exeter et autres. 1841.. 4 fr.

Lectures on Marriage. — Lectures sur le Mariage. 1841. 1 fr. 50 c.

Ces ouvrages se trouvent à Londres, à la librairie socialiste de Watson, Paternoster Row.

Dale Owen. — Esquisse du système d'éducation suivi dans les écoles de New-Lanark. Traduit par M. Desfontaines. Paris. 1825.

Macnab. — Examen impartial des nouvelles vues de M. R. Owen. Traduit par M. Laffon. Paris. 1821.

Rey, Joseph (Conseiller à la Cour royale de Grenoble). Lettres sur le système de la coopération mutuelle et de la communauté, d'après le plan de R. Owen. Paris 1828.

IMPRIMERIE CTENRALE DE NAPOLÉON CHAIX ET Cie,
Rue Bergère, 8.

www.ingramcontent.com/pod-product-compliance
Lightning Source LLC
Chambersburg PA
CBHW051405050726

47595CB00006B/2712